7
Lk 999.

MÉMOIRE

SUR

LE SAC DE BÉZIERS DANS LA GUERRE DES ALBIGEOIS

ET SUR LE MOT : *TUEZ LES TOUS!*

ATTRIBUÉ AU LÉGAT DU PAPE INNOCENT III

PAR

PHILIPPE TAMIZEY DE LARROQUE

Extrait des *Annales de Philosophie chrétienne*, t. vi (5ᵉ série).

PARIS
DURAND, LIBRAIRE-ÉDITEUR
7, RUE DES GRÈS, 7

1862

MÉMOIRE

SUR LE SAC DE BÉZIERS DANS LA GUERRE DES ALBIGEOIS
ET SUR LE MOT : TUEZ-LES TOUS

ATTRIBUÉ AU LÉGAT DU PAPE INNOCENT III

I

De toutes les guerres intestines qui ont désolé la France, la plus cruelle a été sans contredit cette guerre des Albigeois qui, pendant près d'un demi-siècle, promena ses fureurs dans nos provinces méridionales. L'acharnement et la barbarie des combattants seraient inexplicables pour celui qui ne réfléchirait pas à toutes les passions qu'ils apportaient au sein de la mêlée. Ce n'était point seulement l'idée religieuse qui planait au-dessus des champs de bataille de Muret et de Castelnaudary, c'était aussi l'idée politique ; et si, pour la Papauté personnifiée dans Innocent III, la guerre contre les Albigeois était une croisade contre des hérétiques, c'était, pour la royauté représentée par Philippe-Auguste, une expédition contre des provinces indépendantes qui allaient, sous son petit-fils, devenir les plus magnifiques fleurons de la couronne de France. Mais, dans ce drame affreux, l'antagonisme des races auxquelles appartenaient l'une et l'autre armée jouait un rôle plus considérable encore que les intérêts politiques, que les croyances religieuses. Le Languedoc, au commencement du treizième siècle, était l'arène où se vidait la vieille querelle du Nord et du Midi. Les descendants des Francs et les descendants des Gallo-Romains et des Visigoths, fidèles à des ressentiments héréditaires, se jetaient dans la lutte avec une sorte de frénésie, et, comme s'ils prévoyaient qu'ils ne se retrouveraient jamais plus en présence, ils semblaient vouloir mutuellement assouvir, en une dernière rencontre, une haine plusieurs fois séculaire. C'est dans l'implacable animosité qui enflammait les peuples d'origine différente séparés par la Loire, qu'il faut donc chercher la principale cause de toutes les horreurs de la guerre des Albigeois. Oui, si le beau ciel du Midi fut rougi du reflet de tant d'incendies, si la limpidité de ses rivières fut troublée par le sang de tant de victimes, on doit surtout en accuser l'antagonisme persistant de ces races rivales que la Providence destinait à former, par leur fusion merveilleuse, la nation du monde entier qui peut à meilleur droit se glorifier aujourd'hui de son unité !

Que l'on songe encore à tout ce que devaient exciter d'ardentes convoitises dans les âmes grossières des soldats de Simon de Montfort les richesses du Midi ! La prodigieuse fertilité des plaines qu'arrose la Garonne, le commerce si étendu de Béziers, de Toulouse, de Carcassonne, le luxe déployé dans les demeures seigneuriales (1), promettaient un abondant butin à leur avidité. Enfin ne se joignait-il pas à la cupidité des hommes du Nord cette âpre jalousie dont on a constaté les effets dans toutes les invasions de Barbares ? Et plus encore peut-être qu'à l'ignoble attrait du pillage faut-il attribuer à l'orgueilleux désir de venger de longues humiliations les cruautés sans nombre

---

(1) Les poëtes de l'époque fournissent d'amples et de curieux renseignements à ce sujet. Voir Raynouard, *Choix des poésies originales des troubadours*, tome IV.

commises contre ces populations fortunées, qui possédaient un soleil plus brillant, un langage plus harmonieux, des mœurs plus élégantes, des institutions plus libérales (1), et au milieu desquelles enfin s'épanouissait, comme une fleur précoce, une civilisation plus avancée !

Ces rapides considérations laissent assez comprendre, ce me semble, le caractère de férocité que conserva, pendant toute sa durée, la guerre des Albigeois, et il a fallu que certains historiens fussent étrangement aveuglés par leurs préjugés pour rendre uniquement responsable des excès qui la déshonorèrent un zèle religieux qui, hélas! s'égara trop souvent jusqu'au fanatisme, mais qui, je le répète parce qu'on n'a pas assez insisté là-dessus, n'exerça qu'une influence secondaire sur les scènes odieuses dont le comté de Toulouse fut alors le théâtre.

Non-seulement on n'a pas suffisamment tenu compte des causes si diverses de la guerre des Albigeois, et on n'a pas réduit par conséquent à sa juste mesure la part qui revient au sentiment religieux dans les malheurs et dans les crimes qui marquèrent cet abominable épisode de notre histoire, ainsi que l'appelle Chateaubriand; mais, quand des hauteurs des appréciations générales on est descendu jusqu'aux détails du récit, on a falsifié les faits eux-mêmes, et, comme s'il ne s'était pas commis, en ces temps néfastes, assez d'atrocités, on en a inventé de nouvelles. Désireux de montrer combien l'erreur a réussi, en cette matière, à détrôner la vérité, je vais examiner, à la clarté que répandent les témoignages contemporains, le tableau, tel qu'il est habituellement retracé, de la *prise et du sac de Béziers*. J'en conviens, du reste, cet événement, qui ouvre d'une

---

(1) M. Raynouard, M. Guizot, M. Fauriel ont signalé le haut degré de liberté et de prospérité auquel les villes du Midi s'étaient élevées déjà à cette époque.

manière si déplorable la longue série des « gestes glorieux « des Français » dans le Languedoc, a été plus dénaturé qu'aucun autre, et de toutes les catastrophes qui se succèdent dans l'histoire de la croisade contre les Albigeois, c'est à la fois la plus fameuse et la plus mal connue.

II

Béziers était la première ville hérétique que les croisés de l'Ile-de-France, de la Flandre, de la Normandie, de la Bourgogne, etc., s'avançant dans l'intérieur du Languedoc, après avoir traversé le Lyonnais, devaient rencontrer sur leur passage. Aussi avaient-ils donné rendez-vous devant ses murs aux troupes recrutées dans le Midi même, à prix d'or, par le vicomte de Turenne, l'évêque de Limoges, celui de Bazas, l'archevêque de Bordeaux, l'évêque de Cahors, celui d'Agde (1), Bertrand de Cardalhac, Bertrand de Gourdon, etc. Le nombre total des croisés qui accoururent sur le territoire de Béziers a été énormément grossi. S'il fallait en croire du Tillet, suivi par l'abbé Velly, par Anquetil, et par la *Biographie universelle*, 500,000 croisés auraient été groupés sous la bannière du comte de Montfort. Je pense, m'appuyant sur les indications d'un chroniqueur bien informé, que l'on doit s'en tenir à la moitié

---

(1) M. Mary Lafon (*Histoire du midi de la France*, tome II) substitue à l'évêque d'Agde l'évêque d'Agen. J'assure qu'il se trompe, d'abord parce que c'est bien l'évêque d'Agde que mentionnent les chroniqueurs, et ensuite parce que Bertrand de Beceyras qui occupait alors le siége d'Agen (*Gallia Christiana*, tome II), ne pouvait guère être devant Béziers dans les derniers jours de juillet 1209, puisqu'il mourut, chargé d'années, dans sa ville épiscopale, le 4 du mois suivant. M. Mary Lafon pourrait objecter qu'il a emprunté cette assertion à l'*Histoire générale du Languedoc*, par dom Vic et dom Vaissète ; mais on lui répondrait qu'il ne faut

de ce chiffre (1). Les corps auxiliaires venus l'un du Velay, l'autre de l'Agenais (2), formaient des bandes bien plutôt

jamais se contenter de consulter les ouvrages de seconde main, même les meilleurs, et que, puisque les Bénédictins eux-mêmes citent inexactement, rien au monde ne peut dispenser un érudit de remonter aux sources.

(1) « L'host des croisés fut merveilleusement grand, par ma foi !
« Il s'y trouvait 20,000 cavaliers armés de toutes pièces et plus de
« 200,000 tant vilains que paysans, et je ne compte ni les bourgeois ni les clercs. » (*Histoire de la Croisade contre les hérétiques albigeois*, écrite en vers provençaux par un poëte contemporain, traduite et publiée par M. Fauriel, 1837, 1 vol. in-4°, faisant partie de la *Collection des documents inédits relatifs à l'histoire de France*). Ce poëme, dont M. Fauriel, dans son *introduction*, et M. Villemain, dans le *Journal des savants* de 1837, ont signalé la haute importance, doit inspirer plus de confiance que l'*Historia de los faicts d'armes et guerras de Tolosa*, qui range autour de Béziers 300,000 croisés, et dont le poëme, qui est beaucoup antérieur, n'est pas « la re-
« production presque mot à mot, » quoi qu'en dise M. Capefigue (*Histoire de Philippe-Auguste*, tome II). M. E. Sabatier (*Histoire de la ville et des évêques de Béziers*, 1 vol. in-8°, 1854) pense que « le nombre des envahisseurs était de 50,000, selon la version plus
« vraisemblable de Pierre de Vaux-Cernay. » Je ferai remarquer que Pierre de Vaux-Cernay ne parle point dans l'endroit cité du nombre des croisés qui assiégeaient Béziers, mais bien de ceux qui assiégeaient Carcassonne, lesquels pour diverses causes pouvaient être moins nombreux qu'au début de la campagne. D'ailleurs Pierre de Vaux-Cernay n'affirme pas ; son témoignage est vague. Le voici : « *dicebatur* quod in exercitu erant homines usque ad
« quinquaginta millia. » (*Historia Albigensium*, c. XVII, dans *Patr. lat.*, t. CCXIII, p. 568).

(2) Les croisés venus de l'Agenais y avaient déjà détruit Gontaud et ravagé Tonneins et Casseneuil (*Histoire de la Croisade* en vers provençaux). Ces trois petites villes, ainsi que celle de Penne, qui, prise en 1212 par Simon de Montfort, fut prise encore en 1562 par Blaise de Monluc, furent au nombre des villes de l'Agenais qui eurent le plus à souffrir dans les guerres de religion du seizième et dix-septième siècle. L'hérésie albigeoise, qu'on avait cru étouffer dans le sang, avait laissé là, comme partout où elle

que des armées. Quoi qu'il en soit, dès le 21 juillet 1209, tous les croisés étaient réunis autour de Béziers, et, aussi loin que le regard pouvait s'étendre (1), on voyait s'agiter leur masse confuse. Devant une pareille multitude d'assaillants toute longue résistance était interdite, et il était évident qu'aux premiers chocs elle allait être détruite de fond en comble cette ville si fière de son antiquité (2), de son opulence (3), de ses franchises municipales déjà consacrées par le temps, et surtout de la proverbiale beauté des plaines que, comme la reine gracieuse de la contrée, elle dominait du haut de la colline où elle était assise (4) !

Les chefs de l'armée catholique, l'histoire ne leur a pas toujours rendu la justice de le remarquer, ne voulurent

s'était implantée, une semence qui, pour devenir féconde, n'attendait qu'une occasion favorable. La Réforme fut cette occasion. C'est ainsi que, par-dessus trois siècles, les protestants donnent la main aux albigeois, et que Basnage (*Histoire de l'Eglise*) a eu raison de proclamer la mystérieuse mais étroite parenté des deux hérésies.

(1) L'*Histoire de la Croisade* en vers provençaux dit de l'host des « croisés : Il occupe bien une grande lieue de long. » Un document qui émane d'un des chefs des croisés atteste que la foule des envahisseurs était plus considérable, croyait-on, que jamais armée chrétienne ne l'avait été. (*Lettre* sur la victoire remportée contre les hérétiques, écrite par Arnauld, abbé de Cîteaux, et Milon, moine du même ordre, au pape Innocent III, lettre imprimée sous le n° 108 au t. II, p. 373, des *Epistolarum Innocentii III*, publiées par Baluze (l. XII, *epist.* 108, dans *Patr. lat.*, t. CCXVI, p. 137.) — Mathieu Paris reproduit cette assertion de l'abbé de Cîteaux.

(2) La ville de Béziers paraît avoir été fondée par les Ibères. Voir Fauriel, *Histoire de la Gaule méridionale*, t. I.

(3) Guillaume le Breton (*Philippide*) l'appelle *nimium locuplex populosaque valde*. *Opulentissimam*, dit Albéric des Trois-Fontaines. *Populosam et amplam*, dit Robert Abolant.

(4) Urbs *Biterris amœna*, dit Guillaume Catel, citant des vers faits à l'occasion du sac de la ville. On connaît le proverbe languedocien.

pas employer la force avant d'avoir essayé la persuasion : ils envoyèrent aux habitants de Béziers, pendant que l'armée catholique était en marche, leur évêque, Réginald de Montpeyroux, espérant que l'ascendant que lui donnaient sur son ancien troupeau son âge avancé et ses grandes vertus faciliterait le succès de sa mission. Le prélat était chargé d'inviter les habitants de Béziers à remettre, sous peine d'excommunication (1), les hérétiques qui se trouvaient parmi eux, ainsi que leur biens, entre les mains des croisés, ou, s'ils ne le pouvaient pas, à sortir du moins de la ville en abandonnant ces méchants à leur destinée, qu'autrement le sang qui serait versé retomberait sur leurs têtes. Mais les habitants de Béziers répondirent fièrement qu'ils se laisseraient noyer dans la mer salée (*sic*) avant d'accepter cette proposition (2). La cathédrale de Saint-Nazaire fut témoin d'un spectacle bien émouvant quand les milliers d'hommes qui se pressaient dans sa vaste enceinte (3), jurèrent, en face d'un vieil évêque tendant vainement vers eux du haut de la chaire sacrée ses mains suppliantes, de défendre jusqu'à la dernière extrémité, de concert avec les hérétiques, leur ville contre les croisés. J'avoue ne pas comprendre les injures qui ont été prodi-

---

(1) M. Sabatier (déjà cité) dit d'un ton dubitatif : « Quelques historiens prétendent que le légat les menaça d'excommunication. » Pourquoi M. Sabatier n'a-t-il pas jugé à propos de consulter à ce sujet le légat lui-même ?

(2) C'est le *poëme* de la Croisade qui leur attribue cette réponse. La *Chronique romane* en prose, du quatorzième siècle, qui en est une version parfois très-modifiée, leur fait répondre à l'évêque qu'ils mangeraient leurs enfants plutôt que de se rendre ; que d'ailleurs leur ville est forte et que leur seigneur ne tardera pas à venir à leur secours.

(3) Le *poëme* de la Croisade s'exprime ainsi : « Aussitôt qu'il fut « arrivé à l'église cathédrale, où sont maintes reliques, il fait as- « sembler *tous les habitants*, » etc.

guées par un historien méridional (1) au prélat dont le paternel dévouement ne put sauver les habitants de sa ville épiscopale. La démarche de Réginald était, au contraire, d'autant plus digne d'éloges que, quelques années auparavant, un de ses prédécesseurs eut, dans une autre église de Béziers, l'église de Sainte-Marie-Madeleine, la mâchoire fracassée pour avoir voulu, par une intervention aussi généreuse qu'inutile, arracher le vicomte Trencavel des mains de ses meurtriers (2).

Du reste, l'historien méridional qui a pris si malencontreusement à partie Réginald de Montpeyroux, est le seul historien que je connaisse qui n'ait pas rendu hommage aux nobles inspirations auxquelles avait obéi le vénérable prélat en cette douloureuse circonstance, et depuis l'auteur du *Poëme de la Croisade* qui dit de lui : « qui mot prudome fu, » depuis l'auteur de la *Chronique romane* qui l'appelle « home sage et volen ben le profict desdits habitants, » jusqu'à M. Mary Lafon (déjà cité), lequel M. Mary Lafon ne passe pas pourtant pour être très-favorable au clergé, tous ont vu et admiré une magnanime démarche là où M. d'Aldéguier a cru voir et a maudit une coupable conduite. Mais laissons un moment la parole à l'auteur du *Poëme de la Croisade* : « Quand l'évêque
« voit que ceux de Béziers ne prisent pas plus son sermon
« qu'une pomme pelée, il est remonté sur la mule qu'il
« avait amenée, et s'en va à la rencontre de l'host qui est

---

(1) M. d'Aldéguier, *Histoire de la ville de Toulouse* (4 vol. in-8°, 1834, t. II.)

(2) Voir sur ce fait, qui arriva en 1167, outre les historiens de la Croisade contre les Albigeois, tels que Pierre de Vaux-Cernay, Guillaume de Puy-Laurens, etc., la Chronique de Geoffroy, prieur du Vigeois, dans le *Recueil des historiens des Gaules et de la France,* t. XII, p. 440. D'après ce chroniqueur, le vicomte Trencavel fut égorgé sur un des autels de l'église de Sainte-Marie Madeleine.

« en marche… L'évêque rend compte de sa mission à
« l'abbé de Cîteaux (1), et aux autres barons de l'armée,
« qui l'écoutent attentivement. Ils tiennent ceux de Béziers
« pour gent folle et forcenée, et voient bien que pour eux
« s'apprêtent les douleurs, les tourments et la mort. » A
ce récit, l'auteur de la *Chronique romane*, laquelle, on le
voit de plus en plus clairement, diffère beaucoup çà et là
du *Poëme de la Croisade*, substitue un récit qui tendrait à
donner au carnage qui eut lieu dans Béziers un odieux caractère de préméditation. D'après cet auteur qui, écrivant
au quatorzième siècle, ne cite comme garant de ce qu'il
raconte que le poëme même de la croisade et qui, par
conséquent, lorsqu'il se sépare de son guide perd toute
autorité, le légat, après avoir appris par Réginald de Montpeyroux la hautaine réponse des habitants de Béziers, au-

(1) Arnauld, surnomé Amalric, abbé de Cîteaux, puis archevêque de Narbonne, alors légat du pape Innocent III. A Lyon, en juin 1209, les croisés le choisirent pour leur généralissime. M. Amaury Duval (*Histoire littéraire de la France*, t. XVII), et après lui, M. Ed. Fournier (*L'Esprit dans l'Histoire*, 1re édition, 1857, p. 61, et 2e édition, 1860, p. 91), ont confondu Arnauld avec un autre légat d'Innocent III, Milon. Or, Milon établit lui-même son *alibi* dans une lettre à Innocent III, (*Lettre* 108 du Recueil de Baluze, p. 365 du t. II), lettre dans laquelle il annonce au Souverain-Pontife qu'après avoir suivi l'armée des croisés de Lyon jusqu'à Montpellier, il s'en est séparé pour se rendre à Arles, à Marseille, etc. Une méprise beaucoup plus plaisante encore que celle que je viens de relever a été commise dans *l'Encyclopédie moderne*, publiée par MM. Firmin Didot article *France*, colonne 764 (t. XV, 1848), où on lit sous la date 1216 : « Mésintelligence entre le légat *Arnauld de Villeneuve* et Simon de Montfort. » Arnauld de Villeneuve, chacun le sait, est un médecin, un alchimiste du treizième siècle. Il semble que Arnauld, abbé de Cîteaux, a porté malheur à tous ceux qui ont parlé de lui, même aux plus doctes. J'aurai l'occasion tout à l'heure de signaler à son endroit, une erreur de dom Vaissète, répétée par Daunou.

rait juré que dans ledit Béziers il ne laisserait pas pierre sur pierre, qu'il ferait mettre à feu et à sang tant les hommes que les femmes, et les petits enfants. Il est permis de penser que le rédacteur de la *Chronique* où cet épouvantable serment est reproduit a voulu, sous l'influence d'irritants souvenirs, donner à sa copie des couleurs plus vigoureuses que celles du tableau, et de même qu'il a exagéré tout à l'heure l'énergie du serment des habitants de Béziers, en les présentant comme décidés à dévorer leurs enfants plutôt qu'à se rendre, de même ici il a exagéré les menaçantes paroles avec lesquelles les chefs de l'armée durent accueillir l'insultant défi de ceux qu'ils voulaient sauver. Autant je trouve de vraisemblance dans le *Poëme* qui fait dire à ces chefs au sujet des rebelles : « Ce sont des insensés ! Leur opiniâtreté les perdra. Tant pis pour eux ! » autant je trouve peu de vraisemblance dans la *Chronique* qui fait proférer par un de ces chefs un serment qui aurait été, parmi tous les scandales prodigieux de cette guerre, comme parle M. Fauriel, un scandale tout particulier.

Mais ce ne sont pas là les seules paroles indignes de lui que l'on attribue au légat du pape Innocent III : il en aurait, quelques heures après (22 juillet) (1), prononcé d'autres qui ont valu à son nom une fatale célébrité. Il aurait répondu aux croisés qui, après avoir livré l'assaut à la ville de Béziers, lui auraient demandé comment ils distingue-

---

(1) C'est bien le 22 juillet, et non le 23, comme le dit M. d'Aldéguier (*Histoire de la ville de Toulouse*, t. II). Pierre de Vaux-Cernay a soin de noter que c'était là le jour de la fête de sainte Marie-Madeleine ; et, comme les hérétiques avaient tenu à l'égard de cette sainte, de sacriléges propos, il voit et il salue dans cette coïncidence quelque chose de merveilleux. Les *Gestes glorieux des Francs* indiquent aussi le jour de la fête de sainte Madeleine, mais avec l'année 1208. Guillaume le Breton (*Vie de Philippe-Auguste*) met cet événement en 1213.

raient les fidèles des hérétiques. *Tuez-les, car Dieu connaît les siens* (1) !

Ces paroles figurent non-seulement dans tous les livres dont Béziers a été le sujet, dans l'*Histoire de Béziers*, par M. Henri Julia (1 vol. in-8° 1845), comme dans l'*Histoire de la ville et des évêques de Béziers*, par M. E. Sabatier (1 vol. in-8° 1854), pour ne désigner ici que les livres les plus récents ; non-seulement dans tous les ouvrages qui concernent le Languedoc (2), depuis l'*Histoire générale* de cette province par dom Vic et dom Vaissète (3), jusqu'à l'*Histoire du Midi de la France*, par M. Mary Lafon ; mais encore dans nos cinq grandes dernières *Histoires de France*, celle de l'abbé *Velly*, d'*Anquetil*, de M. de *Sismondi*, de M. *Michelet* et de M. Henri *Martin*, sans compter toutes nos moins considérables histoires de France, telles que celles de MM. *Cayx* et *Poirson*, celle de M. Th. *Lavallée*, celle de M. Th. *Burette*, celle de MM. *Bordier* et Ed. *Charton* (4). On

---

(1) *Cædite eos, novit enim Dominus qui sunt ejus.* (Voir ci-après le texte entier.)

(2) Je ne les trouve pas cependant dans l'*Histoire des comtes de Tolose*, par Guillaume Catel, 1623.

(3) Je suis très-surpris de voir des auteurs aussi judicieux que dom Vic et dom Vaissète se contenter d'apprendre à leurs lecteurs que quelques auteurs récents révoquent en doute cette circonstance. La chose valait la peine d'être examinée de plus près. De même, un grand historien, Frédéric Hurter (*Histoire du pape Innocent III*), garde une réserve beaucoup trop grande quand il dit, littéralement copié en ce passage par M. E. Sabatier (*Histoire de Béziers*) : « Pour l'honneur de l'humanité, on aimerait mieux ajouter « foi au témoignage qui nie qu'à celui qui affirme cette réponse. »

Autrefois, c'était bien différent! Nos vieux historiens n'ont jamais cité ces paroles, ni Scipion Dupleix, ni Mézeray, ni le P. Daniel. Je ne les vois pas dans l'*Abrégé chronologique* du président Hénault. Mais ce qui est plus surprenant, c'est que je les ai vainement cherchées dans les soixante-dix vol. des *Œuvres complètes* de Voltaire.

(4) Il faut ranger parmi les exceptions les histoires de France

les retrouve dans presque toutes nos *encyclopédies* à l'article *Béziers*, quand ce n'est pas à l'article *Albigeois*, et souvent à l'un et l'autre endroit; dans la *Biographie universelle* des frères Michaud, comme dans la *Nouvelle biographie générale* des frères Didot ; dans tous nos *Dictionnaires d'histoire et de Géographie,* notamment dans celui qui a été récemment publié par MM. Ch. *Dézobry et Bachelet.* L'*Histoire universelle* de César Cantu (1), et voire même les *Annales ecclesiastici* du cardinal *Baronius,* continuées par l'oratorien *Raynaldi,* et les *Annales Cisterciennes* d'Ange Manriquez, moine de l'ordre de Cîteaux, plus tard évêque de Badajoz, reproduisent ces mêmes paroles. Enfin, elles se glissent jusque dans les livres élémentaires destinés aux maisons d'éducation. D'un autre côté, certains journaux ne font guère paraître d'articles sur l'intolérance où l'inévi-

bien abrégées, il est vrai, de M. Mennechet, de M. Ozaneaux et de M. Duruy. En revanche, M. Jules Bastide a donné place à cette citation dans le 1ᵉʳ des deux très-petits volumes sur *les Guerres de religion en France,* publiés par lui dans la *Bibliothèque utile,* 1860. Je ne dois pas oublier de dire que la même citation s'étale à plusieurs reprises dans le *Dictionnaire encyclopédique de l'histoire de France,* publié par M. Ph. le Bas, de l'Institut ; qu'elle s'épanouit aussi dans l'*Histoire des villes de France*, par M. Aristide Guilbert. L'article sur *Béziers*, dans ce dernier ouvrage (t. VI) est de M. Viennet, de l'Académie Française, lequel est un enfant de Béziers. M. Viennet ne se contente point d'attribuer au « farouche Arnaud » (*sic*) la parole infâme ; il ajoute que cette journée est une honte éternelle pour la mémoire du légat, de saint Dominique !!! et de tous les *illustres* assassins qui y prirent part. Il ajoute encore que, pour juger Trencavel, S. Dominique inventa le tribunal de l'Inquisition. Et M. Guilbert de dire (note de la p. 437) : « Nous « devons cette *excellente* esquisse historique à la plume de M. Vien- « net ! »

(1) César Cantu met le : « Tuez-les tous, » compliqué d'un « Tuez toujours ! » dans la bouche des capitaines de l'armée pris collectivement.

table « tuez-les tous » ne vienne couronner quelque fougueuse tirade. Enfants, nous entendons à tout moment ce lugubre refrain ; hommes faits, nous le retrouvons dans les ouvrages les plus usuels et souvent les plus recommandables, et en même temps il est apporté sans cesse à notre oreille par la retentissante voix de la presse et par les mille échos de la conversation. Comment ne serait-il pas redit par tout le monde ? Certes, s'il est de nos jours un homme qui, soit par son mémorable professorat, soit par ses traductions de nos anciens chroniqueurs, soit par la plupart de ses autres publications, ait acquis le droit d'être regardé comme une imposante autorité en tout ce qui est de l'histoire de France, c'est surtout M. *Guizot*. Or, M. Guizot, dans une des occasions les plus solennelles, où la parole humaine puisse se faire entendre, dans une de ces séances de l'Académie française qui sont pour toutes les intelligences une fête incomparable, M. Guizot, dans sa *Réponse au discours de réception du R. P. Lacordaire* (24 janvier 1861), a dit éloquemment : « Il y a six cents ans, Monsieur, si mes
« pareils de ce temps vous avaient rencontré, ils vous au-
« raient assailli avec colère comme un odieux persécu-
« teur ; et les vôtres, ardents à enflammer les vainqueurs
« contre les hérétiques, se seraient écriés : *Frappez,*
« *frappez toujours, Dieu saura bien reconnaître les*
« *siens.* »

Pourtant l'abbé de Cîteaux n'a jamais tenu le barbare langage qu'on lui prête, et sur ce point, comme sur tant d'autres, les meilleurs historiens ont eu le tort de suivre le courant des idées reçues. Désireux de faire complète justice d'un mensonge qui déshonore depuis trop longtemps nos livres les plus estimés, je réclame la faveur de le combattre à mon aise et avec toutes mes armes. La discussion sera un peu longue, un peu minutieuse, mais j'espère qu'elle ne laissera subsister aucun doute sur la nécessité de retirer désormais de la circulation une fausse citation, qui constitue une belle et bonne calomnie.

D'abord, si nous interrogeons les chroniques relatives à l'histoire de France, nous n'y apercevons pas la moindre trace de la barbare réponse partout et toujours attribuée au légat du pape Innocent III (1). La *Collection de M. Guizot* contient six ouvrages où la prise de Béziers est racontée avec plus ou moins de détails, sans qu'il y soit fait la plus petite mention d'une circonstance qui est trop frappante, ce me semble, pour n'être pas ainsi passée sous silence. Il serait possible à la rigueur, que Guillaume le Breton et Guillaume de Nangis eussent omis cette particularité plus intéressante pourtant qu'un grand nombre de celles qu'ils n'ont pas dédaigné de nous faire connaître, mais comment aurait-elle été laissée dans l'oubli par les historiens particuliers de la croisade? Comment, par exemple, Pierre de Vaulx-Cernay ne rapporte-t-il pas le « tuez-les tous, » lui qui enregistre avec une scrupuleuse exactitude les actions et les paroles de l'abbé Arnauld, lui qui suivit pas à pas ce prélat belliqueux dans toutes ses expéditions, et qui était près de lui le jour du sac de Béziers? Comment l'auteur anonyme de l'*Histoire de la guerre des Albigeois*, écrite en langue romane, est-il tout aussi discret à ce sujet que Guillaume de Puylaurens et que la *Chronique* de Simon de Montfort? S'il n'y a absolument rien de ce que nous cherchons dans les diverses chroniques traduites par M. Guizot, il n'y a rien non plus dans les autres chroniques admises dans le grand *Recueil des historiens des Gaules et de la France,* telles que la *Chronique de Saint Denis,* celles de Mathieu Paris (tome XVII), celles de Bernard Itier, de Robert Abolant et d'Albéric des Trois-Fontaines (tome

---

(1) Pas plus du reste que du serment dont j'ai nié plus haut l'authenticité.

XVIII), ni dans l'*Histoire de la Croisade* écrite en vers provençaux par un poëte contemporain. Et pourtant ce poëme énumère avec une impitoyable fidélité les cruautés commises de chaque côté et stigmatise dans des vers étincelants d'indignation la conduite de certains prélats (de Foulques, évêque de Toulouse, par exemple) (1). Voilà bien, en somme douze démentis réels, quoique indirects, donnés par le silence de douze chroniqueurs à l'accusation intentée au légat d'Innocent III.

III

Où donc a été consignée pour la première fois l'anecdote dont nous avons vainement cherché jusqu'ici l'origine? — Dans un livre d'un moine allemand. — C'est un étranger, séparé du théâtre des événements de la croisade par plus de 200 lieues, qui nous apprend ce qu'ont ignoré les hommes placés dans les rangs mêmes des deux armées: c'est *Pierre Césaire,* religieux de l'ordre de Cîteaux dans le monastère d'Heisterbach (près de Bonn, diocèse de Cologne), Césaire qui, mort vers 1240, composa, de 1221 à 1223, un *Livre sur les miracles* (2). Tous ceux qui ont eu à s'occuper de ce

---

(1) Le troubadour inconnu (car M. Fauriel a invinciblement prouvé contre M. Raynouard, suivi par MM. Mary Lafon et Al. du Mège, que ce troubadour ne peut être Guillaume de Tudèle), se montre, au début de son *poëme*, le partisan des croisés, et au milieu et à la fin, le partisan des Albigeois. Il a tout d'abord de magnifiques éloges pour l'abbé Arnauld et pour Simon de Montfort. Plus loin, ce ne sont au contraire qu'anathèmes et malédictions contre les chefs des croisés.

(2) Voici le récit entier de ce moine :

« Venientes ad urbem magnam, quæ Biders vocatur, in qua plusquam centum millia hominum esse (fuisse) dicebantur, obsederunt illam. In quorum conspectu (aspectu) hæretici super volumen sancti (sacri) Evangelii mingentes, de (illo) muro illud

livre, Possevin, Vossius, Oudin, Dupin, Lenglet-Dufresnoy, l'abbé Fleury, etc., conviennent que, dans les récits de Césaire, l'invraisemblance atteint les dernières limites du

contra Christianos injecerunt et sagittis post illud missis clamaverunt : *Ecce lex vestra, miseri.* Christus vero Evangelii sator, injuriam sibi illatam non reliquit inultam. Nam quidam satellites zelo fidei accensi, leonibus similes, exemplo illorum de quibus legitur in libro Macchabæorum (II, xɪ, 11) scalis appositis, muros (intrepide) ascenderunt, hæreticisque divinitus territis et declinantibus sequentibus portas aperientes, civitatem obtinuerunt. Cognoscentes ex confessionibus illorum catholicos cum hæreticis esse permixtos, dixerunt Abbati : *Quid faciemus, Domine ? Non possumus discernere inter bonos et malos.* Timens tam Abbas, quam reliqui, ne tantum timore mortis catholicos se simularent, et post eorum (ipsorum) abscessum iterum ad perfidiam redirent, fertur dixisse : *Cædite eos, novit enim Dominus qui sunt ejus.* Sicque innumerabiles occisi sunt in civitate illa. (*Dialogi miraculorum* Cæsarii, distinctio V, caput xxi, p. 139 de l'édition donnée par Bertrand Tissier : *Bibliotheca Patrum Cisterciensium.* t. II; et *ibid.*, t 1, p. 302 de l'édition en 2 vol. in-12 donnée par J. Strange. Coloniæ, 1851.

La 1ʳᵉ édition datée parut en 1481, in-fol., sous le titre : *Dialogie de miraculis.* Les bibliographes ne sont pas d'accord sur le lieu où le livre fut imprimé : Villenave et Barbier tiennent pour Nuremberg, d'autres et avec raison tiennent pour Cologne, Daunou notamment, qui s'appuie sur les *Annales typographiques* de Panzer. L'ouvrage reparut in-8° en 1591 et 1599 sous ce nouveau titre : *Illustrium miraculorum et historiarum memorabilium* libri xɪɪɪ, Cologne. On cite encore deux autres éditions, l'une de *Douai,* 1604, l'autre d'*Anvers* 1605. Enfin le P. Bertrand Tissier, de la congrégation de Cîteaux, le réimprima dans le t. II de sa *Bibliotheca Patrum Cisterciensium* (Bonnefontaine, diocèse de Reims, 1660-69, 4 vol. infol.). Mais ce dernier éditeur, choqué des ridicules fables de son confrère, corrigea les passages les plus étranges de cette compilation, ce qui a fait dire à Lenglet-Dufresnoy qu'il en avait ôté tout le sel.

Une édition très-soignée en 2 vol. in-12 a paru en 1851 sous ce titre : « Cæsarii heisterbacensis monachi ordinis Cisterciensis *Dialogus miraculorum,* textum ad quatuor codicum manuscriptorum

grotesque, et un des plus illustres critiques dont la France puisse s'énorgueillir, Daunou exprime sur cet ouvrage, dans le tome XVIIIe de l'*Histoire littéraire de la France,* une opinion qui s'accorde avec celle d'un des plus savants historiens ecclésiastiques de l'Allemagne contemporaine, avec celle de Jean *Alzog,* et avec celle de Frédéric *Hurter,* dans sa belle *Histoire du Pape Innocent III,* comme avec celle de tous les auteurs nommés plus haut (1). Notre vieux Moréri avait donc bien jugé Césaire quand il avait dit: « Il « n'est pas excusable d'avoir cru trop légèrement des gens « peu dignes de foi, et d'avoir sur leur rapport recueilli « quantité de fables et d'histoires supposées. »

Afin de mettre mes lecteurs en état de savoir par eux-mêmes à quoi s'en tenir sur la véracité du moine d'Heisterbach, je leur apprendrai que tantôt on lit dans son recueil que le soleil se partagea, un jour, en trois morceaux, et tantôt que les diables, une nuit, enlevèrent l'âme d'un écolier de l'Université de Paris et la firent sauter en l'air comme une balle, la recevant sur leurs griffes acérées. Ici, un soldat à califourchon sur un démon, parvient jusqu'à la porte de l'enfer et voit par le trou de la serrure des puits pleins de soufre enflammé; là, un homme irrité contre sa fille qui buvait avec sensualité une écuelle de lait, s'écrie : « Puisses-tu avaler le diable ! » et la jeune fille sent aussitôt en elle la présence de l'esprit malin.

---

editionisque principis fidem accurate recognovit Josephus Strange ; accedunt specimina Codicum in tabula lithographica » — L'éditeur cite une édition en caractères gothiques sans nom de lieu et sans date, et qu'il croit de 1475, à Cologne, chez Udalr-Zell. Celle de 1481 est la 2e.

(1) Daunou, qui a retracé dans le t. XVII du même ouvrage la biographie d'Arnauld, abbé de Cîteaux, déclare (p. 313), au sujet du rôle que lui fait jouer à Béziers Césaire d'Heisterbach, qu'il ne saurait ajouter foi à un tel récit.

Plus loin, un mari de mauvaise humeur, comme il y en a tant, donne sa femme au diable, et le diable d'entrer soudain par l'oreille dans le corps de cette infortunée. Ailleurs le diable, qui est le héros du livre de Césaire, apparaît sous la forme d'un gros vilain dogue. Çà et là abondent les histoires de revenants. En un certain chapitre qui n'est pas le moins curieux des 735 chapitres dont l'ouvrage se compose, les moines de Cîteaux empêchent, tant ils sont agréables au Seigneur, la fin du monde d'arriver. On voit par ces exemples que Césaire a bien raison de s'écrier : « Ces récits vous font rire (1). » Toutes ces absurdités, en effet, ne permettent pas de prendre un tel écrivain au sérieux. Il n'y avait au monde que le R. P. d'Outreman qui pût délivrer à Césaire un certificat de véracité; ce qu'il a fait dans son *Pédagogue chrétien* (2), où il l'appelle naïvement « *auteur très-digne de foi.* » En résumé (3), le *De*

---

(1) Casimir Oudin, lui aussi (*Commentarius de scriptoribus Ecclesiæ antiquis.* 1722), trouve que ce fatras de fables n'est fait que pour exciter la risée : « Quam simplex fuerit Cæsarius in credendo, « quam facilis in fabulis scripto consignandis, nullus negabit, qui « ejusmodi monachalem farraginem legerit ; nullus leget qui non « impense ad tantas fabulas riserit. »

(2) Il est vrai que le bon P. d'Outreman devait être indulgent pour les faiseurs de contes, par la même raison qui fait dire à la Didon de Virgile :

Haud ignara mali, miseris succurrere disco.

Ne raconte-t-il pas sérieusement (p. 47 du t. Ier) qu'en 1570 un bourgeois, qui avait volé des raisins et juré qu'ils lui appartenaient, fut instantanément changé en pierre, ainsi que la corbeille pleine de raisins qu'il portait sur sa tête ?

(3) On ignore généralement que l'ouvrage de Césaire renferme l'histoire de *Conaxa*, qui fut le sujet d'une comédie en vers, d'un jésuite, intitulée : *Conaxa ou les gendres dupés,* à laquelle M. Etienne quoiqu'il n'aimât pas les jésuites emprunta le fond, quelques vers et une partie du titre de sa comédie des *Deux gendres.* M. Sainte-

miraculis atteste chez son auteur une dose de crédulité tellement extraordinaire, même pour un Allemand du moyen âge, qu'aucun homme de bon sens ne peut lui accorder la moindre confiance.

IV

Si jamais il a été permis de se prévaloir de l'ancien axiome de droit « *testis unus, testis nullus,* » c'est surtout dans le cas actuel. L'unique témoin qui dépose en faveur de l'authenticité des paroles attribuées au légat du Pape, était d'abord placé à une très-grande distance des lieux où s'était acompli ce qu'il racontait. A qui persuadera-t-on qu'un moine allemand, enfermé dans sa cellule, ait pu être instruit d'une particularité restée inconnue des chroniqueurs nationaux qui se trouvaient dans le camp des catholiques et dans celui des Albigeois? Comment expliquer qu'on ait su aux environs de Cologne, plusieurs années après le sac de Béziers, ce qu'ont ignoré, au moment même de l'événement, ceux qui en écrivaient le récit à la lueur des flammes qui dévoraient la malheureuse ville? Si du moins l'écrivain étranger qui contredit tous nos chroniqueurs nous offrait quelque garantie de véracité ! Nous venons de voir, au contraire, que toutes ses assertions doivent être

Beuve, dans un de ses plus spirituels articles (*M. Etienne ou une émeute littéraire sous l'Empire*, causeries du lundi, t. VI), a dit de la pièce de Conaxa qu'elle est prise d'un sujet venu du seizième siècle *et même plus ancien peut-être*. Il faudrait substituer un *certainement* à ce *peut-être*. Ce n'est pas d'ailleurs uniquement dans l'ouvrage de Césaire qu'au treizième siècle on trouve le germe des *Deux gendres*, c'est aussi dans un fabliau du trouvère Bernier. Voir le t. XXIII de l'*Histoire littéraire de la France*. Le chapitre sur les les trouvères est M. Jos. Vict. Le Clerc. C'est dire qu'il est fait de main de maître.

frappées de suspicion. Pour tous ces motifs, j'aurais déjà le droit de proclamer hautement que le légat d'Innocent III n'a jamais proféré les sanglantes paroles dont son nom éveille le souvenir ; mais je vais essayer de montrer d'une manière plus péremptoire combien est inadmissible la version propagée par le trop candide Césaire d'Heisterbach.

V

Cette version n'est pas, en effet, seulement réfutéé par le silence universel des chroniqueurs, elle est aussi réfutée par leurs paroles. D'après le moine allemand, après la prise de la ville, les massacreurs (1) éprouvant des scrupules et comme une sorte d'attendrissement, demandèrent à l'abbé Arnauld, avant de commencer, ce qu'ils devaient

---

(1) Césaire d'Hesterbach les désigne ainsi : *Quidam satellites*, c'est-à-dire soldats d'un ordre inférieur. C'étaient, d'après Pierre de Vaulx-Cernay, les servants de l'armée. Leurs nombre s'élevait à 15,000, suivant le *poëme de la Croisade*. Dans une note de la traduction de la chronique du moine de Vaulx-Cernay, M. Guizot répétant une assertion du P. Daniel (*Histoire de France*, t. I, p. 1382), prétend que les Ribauds avaient beaucoup de rapport avec ce qu'on a nommé depuis les *Enfants perdus*. Avec toute la déférence due a un historien aussi éminent que M. Guizot, je dirai que c'est là une grave erreur. Les Ribauds ne peuvent pas même être assimilés aux goujats des temps modernes, car ces derniers n'ont jamais commis les brigandages que le moyen-âge tout entier reproche à leurs ignobles prédécesseurs. Quand aux *Enfants perdus*, c'étaient de mauvaises têtes et de nobles cœurs qui s'exposaient, en se jouant à tous les dangers et couraient à la mort avec une chevaleresque insouciance. Il me serait facile de faire avancer ici un grand renfort de citations. Je me contenterai de rappeler que Mathieu Paris, à l'année 1259, dit expressément, au sujet des *Pastoureaux*, que les Ribauds sont des vagabonds, des voleurs, des excommuniés, et que Blaise de Monluc, racontant avec sa brillante verve gasconne ses batailles en Italie, nous présente au contraire les *Enfants perdus* comme des héros.

faire pour reconnaître les catholiques au milieu des mécréants. Or, suivant tous les historiens de la croisade, les choses n'ont pu se passer ainsi. Voici quelles furent, si l'on en croit les plus sûres autorités, les circonstances de la prise de Béziers. Quelques assiégés firent une sortie. Un croisé qui s'était avancé jusque sur le pont de Béziers tomba percé de leurs flèches. A cette attaque inattendue, à la vue de cette victime, les Ribauds, frémissant de rage, s'élancent comme un seul homme contre les imprudents agresseurs, sans même prendre le temps de revêtir leur armure; ils les refoulent dans la place, escaladent les murs, enfoncent les portes, et entrent impétueusement dans Béziers à la suite, pour ainsi dire, des insensés qui sont venus les braver. « Ils donnent l'assaut, dit Pierre de Vaulx-« Cernay, à l'insu des gentilshommes de l'armée, et à « l'heure même s'emparent de la ville. » — « Les habitants « de Béziers, dit à son tour Guillaume de Puylaurens, ne « purent repousser la première attaque du vulgaire de « l'armée. » L'abbé Arnauld, lui aussi, dans la *relation* déjà citée qu'il adresse au Pape, raconte que lorsque « l'on dé-« libérait avec les principaux chefs de l'armée sur les « moyens de sauver ceux qui dans la ville passaient pour « catholiques, les Ribauds et autres viles personnes (*ribaldi* « *et alii viles et inermes personæ*), sans attendre l'ordre « des chefs, firent invasion dans la cité. » Mathieu Paris dit la même chose (1). Enfin, Guillaume le Breton et surtout l'auteur du Poëme de la croisade, qui, lui, entre dans les plus minutieux et les plus pittoresques détails, attribuent aux *truands* l'initiative du carnage, et écartent loin des chefs toute complicité.

On voit combien il est impossible qu'aucun dialogue ait eu

---

(1) Seulement il ajoute que les Ribauds s'élancèrent dans la ville, *duce domino*.

lieu imédiatement après l'assaut (1), entre l'abbé de Cîteaux et les Ribauds. Les Ribauds ne prirent ni le temps ni la peine de consulter leur généralissime ; il leur tardait trop d'en venir aux mains pour songer à soumettre en ce moment au légat d'Innocent III une espèce de cas de conscience. Loin d'avoir donné, par les sauvages paroles qu'on lui prête, le signal du massacre de Béziers, l'abbé Arnauld apprit sans doute la nouvelle de l'entrée des terribles bandes de truands dans la ville, quand déjà on avait commencé la boucherie et qu'il n'y avait plus moyen d'arrêter l'irrésistible élan de ces hommes, altérés de sang et de butin, de ces hommes, écume de la société, qui étaient attirés sur les champs de bataille par les mêmes motifs qui, de tous les points de l'horizon, y amenaient les plus vils oiseaux de proie.

La justification du légat ressort si clairement de tous les textes que je viens d'invoquer, que je ne comprends pas comment ceux qui en ont eu connaissance ont continué à dénoncer à l'indignation de la postérité la prétendue réponse qui aurait coûté la vie à tous les habitants de Béziers. Notons encore qu'un autre formel démenti est infligé par les chroniqueurs au religieux d'Heisterbach. Dans l'année qui suit le sac de Béziers, en 1210, Simon de Montfort s'empara de Minerve (aujourd'hui village du département

---

(1) Quelques-uns mettent le colloque entre l'abbé de Cîteaux et quelques personnages importants de l'armée. M. Henri Julia, par exemple, dit: « Quand l'évêque de Béziers rapporta cette cou-
« rageuse réponse au camp des croisés quelques chevaliers
« généreux persistèrent à vouloir sauver les catholiques ; ils allèrent
« consulter le légat. Celui-ci leur répondit : Tuez-les tous, etc. »
On voit par là que M. Julia n'a pas daigné prendre connaissance du récit de Césaire d'Heisterbach ; et pourtant son *Histoire de Béziers* a été couronnée par la Société archéologique de Béziers, le 16 mai 1844. *Habent sua fata libelli !*

de l'Hérault), et il déclara « qu'il ne déciderait rien sur le
« sort des habitants, sinon ce qu'ordonnerait l'abbé de
« Cîteaux, maître de toutes les affaires du Christ. A ces
« paroles l'abbé fut grandement marri, n'osant les con-
« damner, *vu qu'il était moine et prêtre*. On pardonna,
« suivant son conseil, à ceux qui voudraient se convertir.
« Mais ils refusèrent, et on les brûla. » Pierre de Vaulx-
Cernay, auquel nous devons ces précieux renseignements
ajoute qu'il essaya lui-même de ramener ces malheureux
dans la bonne voie et qu'il ne fut pas écouté. Ce récit,
dont d'autres chroniqueurs certifient l'exactitude, et prin-
cipalement Guillaume de Nangis (1) me fournit un argument
décisif. Est-ce que les motifs sacrés qui défendaient au chef
ecclésiastique de la croisade d'opiner pour la mort des hérétiques de Minerve, ne lui défendaient pas tout aussi im-
périeusement d'opiner, l'année précédente, pour la mort
des hérétiques, et bien plus, des catholiques de Béziers?...
Je le demande à tout homme de bonne foi, peut-on croire
capable d'avoir prononcé un arrêt de mort contre plusieurs
milliers d'hommes celui qui, en sa qualité de prêtre, se re-
garde comme tenu de pardonner aux habitants relative-
ment peu nombreux de Minerve, quoiqu'au fond du cœur
il désire leur extermination, comme le confesse ingénument
Pierre de Vaulx-Cernay. Il n'y aura qu'une voix, j'en suis
sûr, pour proclamer que les paroles de l'abbé Arnauld devant les murs écroulés de Minerve, obligent invinciblement
à rayer de l'histoire les paroles qu'il passe pour avoir dites
à Béziers, comme aussi le serment qu'il passe pour avoir
proféré devant l'évêque qui lui rendait compte de son inutile ambassade (2).

(1) « On permit à ceux des assiégés qui voulurent abjurer l'hérésie de se retirer librement, mais on en trouva encore 180 qui
aimèrent mieux se laisser brûler. »
(2) Les diverses considérations groupées dans ces pages sont
loin d'être les premières que l'on ait opposées à ceux qui ont

Il ne me reste plus maintenant qu'à dégager de quelques exagérations et de quelques méprises le récit même de la prise de Béziers.

VI

Nous venons de voir que les Ribauds, répondant à une provocation insensée avec une sauvage ardeur, avaient, prompts comme la foudre, franchi tous les obstacles qui les séparaient des défenseurs de Béziers et, presque sans coup férir, avaient envahi à grands flots la malheureuse cité. Ecoutons parler l'auteur du *Poëme de la Croisade* :

adopté, les yeux fermés, la version du légendaire allemand. Sans parler des auteurs auxquels font allusion dom Vic et dom Vaissète, et pour nous en tenir aux auteurs de notre siècle, je rappellerai que M. le ch. Alexis du Mége qui a publié à Toulouse, en 1840 et années suivantes, une fort bonne édition, en 10 vol. in-4°, de l'*Histoire générale du Languedoc*, a repoussé en quelques lignes, où il invoque surtout le témoignage négatif de Pierre de Vaulx-Cernay, l'historiette de Césaire d'Heisterbach ; et qu'au delà du Rhin, le docteur Jean Alzog (*Histoire universelle de l'Église*, traduction de MM. Goschler et Audley, 3 vol. in-8), s'appuyant sur un article de la *Gazette de Bonn*, a signalé le peu de cas qu'il fallait faire des assertions de Césaire en général, de son assertion sur le mot de l'abbé Arnauld en particulier. M. Capefigue, dans une curieuse note de son *Philippe-Auguste*, après avoir dit que *s'il y eut un massacre,* les Ribauds seuls l'accomplirent, renvoie, pour la réfutation de l'erreur de Césaire d'Heisterbach, à l'ouvrage des dominicains Quétif et Echard : *Scriptores ordinis Prædicatorum recensiti* 1719, 2 vol. in-fol. Ce renvoi, que je trouve (toujours sans indication de page) dans l'*Histoire de Béziers* de M. Julia, et, ce qui m'étonne, dans l'*Histoire d'Innocent III,* par M. Hurter, doit être inexact. J'ai attentivement parcouru le docte ouvrage de Quétif et d'Echard et je n'ai trouvé nulle part la réfutation annoncée. Si, par hasard, ces humbles pages tombaient sous les yeux de MM. Capefigue et Julia, je voudrais qu'ils eussent l'obligeance de m'indiquer l'endroit précis des *Scriptores ordinis Prædicatorum,* où ils ont été assez heureux pour trouver ce qui a échappé à mes plus actives et plus patientes recherches.

« Les Ribauds, ces fous, ces misérables ! tuèrent les
« clercs, les femmes, les enfants ; il n'en échappa, je crois,
« pas un seul (1). Que Dieu reçoive leurs âmes, s'il lui plaît,
« en paradis, car jamais, depuis le temps des Sarrazins, si
« fier carnage ne fut, je pense, résolu ni exécuté. » Et plus
loin : « Après cela, ils se répandent par les maisons
« qu'ils trouvent pleines et regorgeant de richesses. Mais
« peu s'en faut que, voyant cela, les Français n'étouffent
« de rage : ils chassent les Ribauds à coups de bâton,
« comme mâtins, et chargent le butin sur les chevaux et
« les roussins... Le roi des Ribauds et les siens qui se te-
« naient pour fortunés, et riches à jamais de l'avoir qu'ils
« avaient pillé, se mettent à vociférer quand les Fran-
« çais les en dépouillent. A feu ! à feu ! s'écrient-ils, les
« sales bandits. Et voilà qu'ils apportent de grandes tor-
« ches allumées. Ils mettent le feu à la ville, et le fléau se
« répand ! La ville brûle tout entière en long et en travers.
« Brûlée aussi fut la cathédrale. Grand et merveilleux au-
« rait été le butin qu'auraient eu de Béziers les Français
« et les Normands, et ils en auraient été pour toute leur vie
« enrichis, si ce n'eût été le roi des Ribauds et les chétifs
« (lisez *infâmes*) vagabonds qui brûlèrent la ville et y mas-
« sacrèrent les femmes, les enfants, les vieux, les jeunes et
« les prêtres, messe chantants, vêtus de leurs orne-
« ments (2), là haut, dans la cathédrale (3).

(1) Pierre de Vaulx-Cernay dit : « Ils égorgèrent *presque tout,* du
« plus petit jusqu'au plus grand. » Je crois qu'ici le témoignage du
moine doit être préféré au témoignage du troubadour, d'autant
plus que, dans une autre partie de son poëme, vers le commencement, ce troubadour dit des habitants de Béziers : « D'eux tous, il
« n'en échappa pas cinquante ou cent qui ne soient mis à fil d'épée.
(2) M. Mary Lafon revêt ces prêtres de surplis *noirs.* Je suppose
que c'est là une distraction.
(3) La chronique en prose romane indique aussssi la cathédrale
comme l'asile où se réfugia toute cette population éperdue

Qu'ajouter à ce tableau d'une si saisissante éloquence et dont les lugubres couleurs ressortent encore davantage par le contraste non cherché que le peintre établit entre ces horribles scènes de carnage et la beauté des prés verdoyants (*les pratz verdeians*) qui entourent Béziers comme d'une riante ceinture et où campent les croisés ? Il s'est trouvé pourtant des historiens qui ont cherché à rembrunir les teintes d'un tel tableau (1) ; les uns ont prétendu que, la tuerie achevée, l'abbé de Cîteaux fit mettre le feu à la ville pour que les habitants qui avaient échappé à la rage du fer devinssent la proie des flammes ; les autres, ne trouvant pas que le nombre des victimes tel que nous le donnent ceux qui ont dû être les mieux informés soit suffisant, quelque considérable qu'il soit cependant, l'ont grossi dans des proportions ridicules. Pour l'incendie, il est manifeste qu'il a été allumé par la jalousie vengeresse des Ribauds qui ont mieux aimé voir leur butin dévoré par la flamme que confisqué par les Français.

Pierre de Vaulx-Cernay et la *Chronique des véritables gestes glorieux des Français,* désignent l'église de Sainte-Madeleine comme celle où, 7,000 personnes furent mises à mort. M. Alex. du Mége croit que c'est à tort que Pierre de Vaulx-Cernay (il ne cite que lui) a nommé en cette occasion l'église de Saint-Madeleine. Mais Catel, et de nos jours M. Sabatier croient, au contraire, que l'égorgement eut lieu dans cette dernière église. Il me semble, comme il a semblé déjà aux Bénédictins, que ces opinions peuvent parfaitement se concilier, et que le sang dut inonder les dalles des deux églises.

(1) A force de vouloir le rembrunir, quelques-uns ont trouvé le secret de l'égayer. M. d'Aldéguier, par exemple, qui nous montre (p. 463 du t. II de son *Histoire de Toulouse*) des vieillards baignant de leurs larmes les genoux de leurs bourreaux et qui (p. 129) nous assure, comme s'il en avait été témoin oculaire, que les femmes furent violées avant d'être égorgées. Césaire d'Heisterbach, que M. Julia appelle César Heisterber, devient pour M. d'Aldéguier César Listerber. Mais je n'en finirais pas si je voulais signaler tout ce qu'il y a de fantaisie dans son récit de la prise de Béziers.

VII

Quant au nombre des victimes, cherchons consciencieusement à l'établir, sinon dans toute sa vérité, du moins dans toute sa vraisemblance. Remarquons d'abord qu'en supposant même, ce qui est douteux, que la ville de Béziers, au commencement du treizième siècle, pût contenir autant de population qu'elle en contient aujourd'hui, c'est-à-dire environ 24,000 habitants, une partie de cette population avait, à diverses reprises, abandonné une ville que l'on savait être exposée la première aux formidables colères des hommes du Nord. Quand le vicomte de Béziers se retira dans Carcassonne, il fut, dit le *Poëme de la croisade,* suivi de près par tous les juifs de la ville. Il est certain que d'autre encore que les juifs prirent la même précaution (1). Un peu plus tard, il y eut de nouveaux fugitifs. « Ceux, dit « le *Poëme de la Croisade,* qui sortirent avec lui (avec l'évê- « que de Béziers) sauvèrent leur vie, et ceux qui restè- rent dans la ville le payèrent cher. » Vingt mille personnes durent rester dans Béziers et, à peu d'exception près, durent être enveloppées dans un des plus grands massacres qui aient jamais épouvanté le monde. C'est le chiffre adopté par l'abbé de Cîteaux lui-même (2), c'est-à-

(1) Pierre de Vaulx-Cernay dit du vicomte Raymond Roger se retirant à Carcassonne : *Plures de Biterrensibus hæreticis ducens secum* (p. 566). Il ne faut pas que j'oublie de faire remarquer, d'après ce même Pierre de Vaulx-Cernay, qu'il y avait, trois années auparavant excessivement peu de catholiques à Béziers : » Illi autem Biterrensem aggressi sunt civitatem, ubi per dies XV « disputantes et prædicantes confirmabant in fide *paucos qui ibi* « *erant catholicos,* hæreticos confundebant. »

(2) « Capta est civitas Bitterrensis, nostrique non parcentes « ordini, sexui vel ætati, *fere viginti millia hominum* in ore gladii peremerunt, etc. » (Dans la *relation* déjà citée et adressée au Pape ; c'est-à-dire, comme nous nous exprimerions aujourd'hui, dans un

dire par le personnage qui, à tous les points de vue, était le mieux placé pour savoir la vérité en ce qui concerne cette funèbre statistique. Tenons-nous en donc à ce chiffre (1), et repoussons également les chiffres moindres et les chiffres supérieurs. M. Alex. du Mége s'est efforcé de prouver (2) qu'il n'y avait eu, le 22 juillet 1209, que 7,000 victimes à Béziers, mais il a pris la partie pour le tout, il a confondu les 7,000 hommes qui furent immolés dans une seule église avec tous ceux qui périrent dans les rues et sur les places de Béziers ou encore au fond de leurs demeures. Il y a, dans le calcul de M. Al. du Mége, une

document officiel) Dom Vic et dom Vaissète ont eu le tort de dire qu'Arnauld ne mit que 15,000 victimes dans la relation qu'il envoya au Pape. Ce tort a été partagé par Daunou, *Histoire littéraire de la France* t. XVII, et par MM. Alex. du Mége, d'Aldéguier, Henri Julia, H. Bordier et Édouard Charton, et une foule d'autres. Accordons ici une mention particulière à M. Capefigue qui (*Histoire de Philippe-Auguste*, t. II) dit aussi malencontreusement dans le fond que dans la forme : « L'abbé de Cîteaux déclare qu'on *tua* 15,000 *âmes !* » Il semblerait, d'après cette façon de parler, que l'abbé ne croyait pas à l'immortalité de l'âme. M. d'Aldéguier, lui aussi, se sert, toujours, à propos de ces pauvres âmes d'une expression bien singulière, et qui est incompatible avec l'immatérialité de l'esprit, quand il dit que Béziers contenait, 60,000 *âmes* de tout sexe.

(1) M. Sabatier dit à ce sujet : « S'il est vrai, comme je le pense, que l'enceinte de Béziers n'a jamais beaucoup varié par son étendue, les chiffres inférieurs 15,000 et 12,000 réunissent le plus de probabilités. La population tout entière de Béziers ne tomba pas sous le glaive. Plusieurs habitants durent s'éloigner (il fallait dire : s'éloignèrent) avant le siége ; d'autres purent s'échapper (c'est là qu'il fallait mettre *durent* s'échapper) quand la ville fut prise. La ville ne fut pas non plus complétement détruite, car au mois d'août de l'année 1210, Simon de Montfort donnait une maison située dans Béziers à l'abbaye de Cîteaux. On voit de nos jours, quelques maisons auxquelles le style de leur architecture assigne une date antérieure au treizième siècle. »

(2) Tome V de son édition de l'*Histoire générale du Languedoc.*

erreur en moins aussi manifeste (1), qu'il y a certainement une erreur en plus dans les 30,000 victimes dont parlent Mézeray (2) et le P. Daniel, dans les 38,000 victimes comptées par Bernard Itier, bibliothécaire de l'abbaye de Saint-Martial à Limoges (3), surtout dans les 60,000 victimes (4) entassées dans les pages d'Albéric de

(1) Il y a aussi une erreur en moins, peu considérable, il est vrai, dans Guillaume de Nangis, qui dit qu'il périt à Béziers 17,000 hommes par le fer et par le feu. Guillaume le Breton, dans sa *Vie de Philippe-Auguste,* se rapproche de l'opinion de l'abbé de Cîteaux quand il prétend que les croisés passèrent plus de 17,000 hommes au fil de l'épée. Ce même Guillaume le Breton, dans le VIIIe livre de la *Philippide,* porte ce chiffre à 60,000 hommes, comme pour donner raison à la pensée exprimée dans une fable de La Fontaine :

Le mensonge et les vers de tout temps sont amis.

Daunou, du reste, dans le XVIIe vol. de *l'Histoire littéraire de la France,* a remarqué que le talent qu'il pouvait avoir d'orner la vérité, il l'a réservé, pour sa *Philippide.*
(2) La ville de Béziers, dit Mézeray fut noyée du sang de 30,000 de ses habitants. Th. Lavallée (*Histoire des Français*) voit dans le massacre du 22 juillet, un effroyable holocauste de 30 à 40,000 victimes. M. Ch. du Rozoir (*Dict. de la conversation*) affirme qu'il ne périt pas moins de 35 à 40,000 individus. Ce dernier érudit croit que ce fut « dans un conseil de guerre que l'abbé Arnauld dit de sang-froid son fameux mot : « Tuez-les tous. »
(3) Je remarque que de tous ceux qui étaient présents au sac de Béziers, un seul a fait le recensement des victimes, Arnauld. Les autres témoins se taisent à cet égard. B. Itier était à Limoges, Albéric de Trois-Fontaines, dans le diocèse de Châlons-sur-Marne. La renommée avait, comme toujours, grossi pour eux le nombre des morts.
(4) Je regrette d'avoir à dire que ce nombre si prodigieux est celui qui a trouvé le plus de partisans, depuis l'abbé Velly jusqu'à M. Jules Simon (*De la liberté de conscience*), en passant par presque tous nos *dictionnaires biographiques* (voir notamment l'art. *Arnauld* de la *Nouvelle biographie générale*) et presque toutes nos encyclopédies (voir notamment l'art. *Albigeois de l'Encyclopédie des gens du monde.*)

Trois-Fontaines (1), et de l'auteur des Chroniques de Saint-Denis, surtout plus encore dans les 70,000 victimes qu'égorge de sa terrible plume Vincent de Beauvais, dans le chapitre xv du livre XXXI de son *Miroir historial,* surtout plus que jamais dans les 100,000 victimes que Césaire d'Heisterbach, renchérissant sur tout le monde et séduit sans doute par l'attrait du nombre rond, ne craint pas d'étaler devant ses lecteurs, me fournissant par là, s'il en était besoin, un nouveau motif pour récuser son témoignage (2). Tout à l'heure ce témoignage venait se briser contre une impossibilité de temps. Maintenant ce témoignage se brise contre une impossibilité d'espace. Mais il est une troisième impossibilité qui rend plus dérisoire encore le double récit de Césaire, c'est l'impossibilité morale, et je défie un homme sérieux d'oser, après avoir lu les divers documents cités dans cette petite dissertation, raconter désormais la prise de Béziers comme elle a été racontée généralement, à la plus grande honte de notre érudition et de notre logique, jusqu'à l'an de grâce 1862.

(1) Albéric ne paraît pas être toujours bien informé, il dit, à l'année 1209, qu'environ dix ans auparavant, les habitants de Béziers avaient tué leur vicomte Trencavel. Au lieu de dix ans, c'était quarante-deux ans qu'il aurait fallu marquer. De même, sans sortir du cercle de l'histoire de Béziers en ces temps-là, je trouve en faute Bernard Itier qui prétend que le seigneur de cette ville fut au nombre des victimes du 22 juillet, alors qu'il est parfaitement établi que Raymond Roger mourut après la reddition de Carcassonne.

(2) Césaire dit à cet endroit: *Innumerabiles occisi sunt*: mais il vient de dire qu'il y avait *plus de* 100,000 hommes dans Béziers, et comme on tua tout ou à peu près tout, il est clair que son *innumerabiles* répond à 100,000 hommes au moins ; c'est du reste ce qu'a pensé dom Vaissète.

PARIS. — IMPRIMERIE DE SOYE ET BOUCHET, PLACE DU PANTHÉON, 2

www.ingramcontent.com/pod-product-compliance
Lightning Source LLC
Chambersburg PA
CBHW060505050426
42451CB00009B/831